Ils étaient quatre

Publication de Mathieu Gosselin :

Collectif. *Éclats et autres libertés,* Dramaturges Éditeurs, 2012.

Publications de Mani Soleymanlou :

UN, L'instant même, 2012.
TROIS, L'instant même, 2014.

MATHIEU GOSSELIN
MANI SOLEYMANLOU
avec la participation d'Éric Bruneau,
Guillaume Cyr
et Jean-Moïse Martin

Ils étaient quatre

Théâtre

L'instant même

Maquette de la couverture et mise en pages : Anne-Marie Jacques

Direction de collection : Chantal Poirier

Distribution pour le Québec : Diffusion Dimedia
539, boulevard Lebeau
Montréal (Québec) H4N 1S2

Distribution pour la France : DNM – Distribution du Nouveau Monde

L'instant même
865, avenue Moncton
Québec (Québec) G1S 2Y4
info@instantmeme.com
www.instantmeme.com

Dépôt légal – Bibliothèque et Archives nationales du Québec, 2015

Catalogage avant publication de Bibliothèque et Archives nationales du Québec et Bibliothèque et Archives Canada

Gosselin, Mathieu

Ils étaient quatre

(L'instant scène)
Pièce de théâtre.

ISBN 978-2-89502-365-4

I. Soleymanlou, Mani, 1982- . II. Titre. III. Collection : Instant scène.

PS8613.O771I47 2015 C842'.6 C2015-940422-3
PS9613.O771I47 2015

L'instant même remercie le Conseil des arts du Canada, le gouvernement du Canada (Fonds du livre du Canada), le gouvernement du Québec (Programme de crédit d'impôt pour l'édition de livres – Gestion SODEC) et la Société de développement des entreprises culturelles du Québec.

Ils étaient quatre, une production Orange Noyée en coproduction avec le Centre national des Arts du Canada, a été créée le 9 mars 2015 au théâtre La Licorne à Montréal, avec l'équipe suivante :

Texte : Mathieu Gosselin et Mani Soleymanlou avec la participation des interprètes
Mise en scène : Mani Soleymanlou
Assistance à la mise en scène : Jean Gaudreau
Interprétation : Éric Bruneau, Guillaume Cyr, Jean-Moïse Martin et Mani Soleymanlou
Avec la participation de Denis Bernard
Musique : Philippe Brault
Éclairage : Erwann Bernard
Scénographie : Max-Otto Fauteux
Direction de production : Catherine La Frenière
Direction technique : Simon Cloutier
Scripte : Béatrice Gingras

Orange Noyée tient à remercier le Conseil des arts et des lettres du Québec, le Conseil des arts de Montréal et le Centre national des Arts du Canada.

Dans cette pièce, il y a deux espaces-temps. D'abord, celui du party où les gars sont dans l'action et durant lequel on entend de la musique. Il y a aussi celui de la confidence, un moment qui fait un peu office de narration, un espace-temps plus neutre durant lequel chacun des gars n'est éclairé que lorsqu'il parle ou qu'il interagit avec un autre. Durant ces moments, il est face au public et s'adresse directement à lui. Dans le texte, les changements sont identifiés par *Party* pour le premier et *Retour* pour le second.

1

Les gars sont debout, face au public.

DENIS BERNARD, *voix hors champ.* – Mesdames et messieurs, bonsoir, bienvenue au théâtre La Licorne. Mon nom est Denis Bernard et j'en suis le directeur artistique. Avant le début de la représentation, assurez-vous d'avoir éteint vos téléphones cellulaires et autres appareils électroniques. Ce soir, avec la pièce *Ils étaient quatre,* nous vous proposons un plongeon dans l'univers masculin de la génération des trentenaires.

Musique.

Ils étaient quatre, l'histoire d'une soirée, d'une fête. Ils étaient quatre : Jean-Moïse Martin.

Lumière sur J-Mo.

DENIS BERNARD – Jean-Moïse est le doyen des quatre protagonistes. Il a 36 ans. Originaire de Sherbrooke, c'est un passionné de musique et d'histoire. Il vit presque exclusivement de théâtre.

Éric Bruneau.

Lumière sur Éric. Celle de J-Mo s'éteint.

Éric Bruneau a 31 ans, il est né à Saint-Jean-sur-Richelieu. Amateur de grands espaces, il pratique la chasse et la pêche.

Vous le reconnaissez sûrement, c'est un des chouchous de la télévision québécoise.

Sonnerie de téléphone.

Lumière sur J-Mo.

J-Mo – Eille !

Éric – Salut J-Mo.

J-Mo – Salut Rick !

Éric – Qu'est-ce tu fais ?

J-Mo – Rien.

Éric – J'te réveille-tu ?

J-Mo – Nonon.

Éric – Tu te rappelles que c'est le party à soir ?

J-Mo – Ouain.

Éric – Tu viens ?

J-Mo – Pense pas.

Éric – Tu viens.

J-Mo – Non.

Éric – Fuck you, tu viens. J'ai assez hâte de m'pousser d'icitte.

J-Mo – T'es où ?

Éric – Dans un cinq à sept douloureux, man.

J-Mo – Avec qui ?

Éric – Personne. Eille ! Faut j'y aille, j'suis chez vous à 8.

J-Mo – Attends, Rick.

Les deux gars raccrochent.

Scène 1

DENIS BERNARD, *voix hors champ.* – Mani Soleymanlou.

Lumière sur Mani.

DENIS BERNARD – Mani Soleymanlou a 33 ans, il est né à Téhéran, en Iran. Avec sa trilogie *Un, Deux, Trois,* il est devenu l'un des visages incontournables du questionnement identitaire de l'immigrant au Québec. Dans la vie de tous les jours, c'est un épicurien aguerri.

Sonnerie de téléphone.

MANI – Yo !

J-MO – Ouais.

MANI – Ça va ?

J-MO – Ouais.

MANI – Rick vient de m'appeler.

J-MO – J'imagine.

MANI – Tu viens ?

J-MO – J'pense pas.

MANI – Tu viens. On va fêter, ça va être mongol. Ça sent le sexe ce soir.

J-MO – T'es déjà su'l'party ?

MANI – Negroni, mon gars.

J-MO – OK !

MANI – Faque tu viens ?

J-MO – Je sais pas.

MANI – On prend l'apéro chez vous ?

J-MO – Non.

MANI – Parfait ! J'arrive dans 20.

J-MO – Mani ! Mani !

Ils raccrochent.

DENIS BERNARD, *voix hors champ.* – Guillaume Cyr.

Lumière sur Guillaume.

DENIS BERNARD – Guillaume Cyr est né en Beauce en 1982. C'est un passionné de cinéma, mais c'est aussi un collectionneur : casquettes de sport, whisky, vinyles, DVD et merch du film *The big Lebowski*. Il habite maintenant à Longueuil avec sa petite famille.

Sonnerie de téléphone.

GUILLAUME – Eille J-Mo !

J-MO – Eille Guillaume !

GUILLAUME – Ça a l'air qu'on se rejoint chez vous ?

J-MO – Ouain…

GUILLAUME – Je devrais être chez vous vers et demie. Éric va être là à 8 ?

J-MO – Supposé.

GUILLAUME – Tu viens au party ?

J-MO – On verra.

GUILLAUME – C'est ma première soirée tout seul depuis qu'le petit est né, faque tu viens. J'veux te voir à soir. Ça va être fou, mon gars.

Scène 1

J-MO – Écoute, Guillaume…

DENIS BERNARD – Mesdames et messieurs, bonne soirée.

Noir.

2

MANI – C'était ce genre de soirée-là. Ça sentait le sexe, honnêtement. Partout. Comme un party d'Halloween… ou un bal masqué. Best night of my life, que je me disais que ça allait être. Genre de soirée qui me donne envie de fourrer juste en y pensant. Je vous jure, quand j'ai reçu l'invitation sur Facebook, j'étais avec une fille que j'avais rencontrée, boom, tout de suite après avoir coché oui à l'invite Facebook, boom, je me suis fait sucer.

J'niaise. Je blague. C'est pas vrai. C'était de la porn, je checkais de la porn.

En tout cas, c'était important pour moi d'y aller. J'avais envie. J'avais envie de… de me pogner quelqu'un.

Je sais pas pourquoi… C'est peut-être parce que je me dis que c'est ce que tout le monde se dit. Tout le monde veut ça non ? Tout le monde y va pour ça. Tout le monde se chicks pour aller à une soirée. Même si t'as pas envie d'y aller, tu te pimpes un peu. T'as envie d'être the shit. T'as pas envie de te faire regarder parce que t'es laid ou pire parce que t'es… non. Après ça, ça dépend de ce que t'as besoin… ou veux. Moi, je me dis que s'il y a une personne qu'il faudrait regarder, c'est moi. Ou du moins, remarquer, parce que je savais qu'Éric allait être là, faque tsé…

GUILLAUME – Change les couches, donnes-y à manger, change les couches, donnes-y à manger, change les couches, donnes-y à manger… Un tube tabarnac ! Ça fait juste manger et faire caca c't'affaire-là ! Je l'adore. Même si j'ai l'impression qu'il aime plus ma blonde que moi. Mais c'est normal, il paraît. Il y a un nom pour ça. L'enfant au début, il a pas vraiment besoin de toi, limite s'il te reconnaît. Mais, tsé, je comprends, pis je suis toute là pour ma blonde, toute. Dans le fond, c'est à ça que ça sert un papa, au début : tu t'assures que l'autre a toute ce qu'elle a besoin. Toute. Il faut que t'assures. Je veux dire, je lui donnerais le sein si je pouvais, mais je peux pas. À l'enfant là, pas à ma blonde, ostie.

Faut que j'assure sur tous les plans. Pis ça me fait plaisir de le faire. Il faut. Pas le choix. Je suis tout le temps là. Pis je veux.

Mais là, quand j'ai su qu'on allait tous être au party, même J-Mo, j'avais envie. Ça faisait longtemps, pis je savais pas quand ça allait se reproduire. Je trippe pas tant que ça sur ce genre de soirée-là en général, mais là, tsé, même J-Mo allait être là.

J-Mo – Je m'en câlice.

Je sais que je vais peut-être m'amuser, c'est même pas ça. C'est juste que…

Je suis… Moi là, la maison, un four pack de n'importe quoi, une game de hockey, merci bonsoir. Tout seul. Pas besoin de… pas besoin de… Mais bon c'est difficile de dire non. Les gars peuvent être assez… c'est limite désagréable. J'sais pas. Je la connais la routine. Je suis tanné, pus besoin. Pas envie de… J'avais pas envie. C'est rare les gens qui sont eux-mêmes dans ce genre de soirée-là, pis là t'es obligé de dire allô, de faire semblant de j'sais pas quoi. C'est lourd. Pis c'est souvent comme ça chez Emmanuel. Le gars i'est fin, mais ça finit toujours par être une ostie d'affaire, pis j'essaie juste de… Ça me tente pus. Honnêtement j'ai l'impression d'avoir peut-être fait le tour. Quoi, tu te saoules la gueule pis tu finis par… pis je me sens sale. Le matin je fais comme « Ah esti ! » Jamais le fun. Un peu tout croche, pis je suis dessaoulé, pis je suis lendemain de brosse, pis je suis comme arf ! ouach ! Pis y a toujours du monde fucké.

ÉRIC – À un moment donné tu fais comme : « Man, pus capable ! » Je parlais avec un couple que ça faisait pas loin de vingt-cinq ans qu'ils étaient ensemble, pis ils font : « Nous autres, à un moment donné, il y a eu un long quatre ans que c'était pas terrible. » J'ai fait : « Ah ! ouin, quatre ans, c'était pas terrible. Il y a-tu là-dedans un moment où… » En fait, pour moi, la vision de l'amour, il y a vraiment quelque chose du partner. Mais du moment où tu le prends pour acquis, t'es comme fourré. Tsé j'ai jamais eu d'enfant, pis c'est vrai qu'à 30 ans, je commence à faire : « Eille, je serais curieux de voir c'est quoi. » L'idée de bâtir avec quelqu'un d'autre, ça me séduit. L'idée que quelqu'un soit là pour te rendre la vie plus facile… pas pour te rendre la vie plus facile, mais qui fait… En fait, je comprends pas ces couples-là. Moi, je serais pas capable de passer mes journées à me faire chier. Parce que quand t'es dans ce genre de situation-là, la majorité du temps, tu passes ta journée à faire des compromis, ce qui est bien, mais à un moment donné tu dois un peu penser à toi, me semble. Tsé, dans ce sens-là, je la comprends « la fuite »…

Comment tu veux être heureux dans quoi que ce soit, si tu passes ton temps à vouloir autre chose, ou si tu passes ton temps à ne pas être heureux, ou si tu passes ton temps à vouloir… C'est sûr qu'à un moment donné t'as besoin de… En tout cas, whatever, je veux dire, tout ça pour dire : la majorité des gens veulent fuir. Moi, la fuite, je la comprends, dans ce sens-là, je comprends ça.

Pis des fois c'est à ça que ça sert, ce genre de soirée-là, souvent.

J-MO – Ça faisait quatre mois que j'faisais attention, presque pas d'alcool. En tout cas pas de dérape mais surtout pas de drogue dure.

J'étais su'l'bord d'être vraiment fier de moi.

ÉRIC – C'était dans un loft, super endroit, nid de rêve pour un bachelor. Décoré avec minutie, super beau, éclairage sensible.

La crowd, c'était pas mal des artistes, des peintres, des danseurs, des auteurs, des musiciens, des acteurs. On avait acheté de quoi faire la fête, de quoi boire, tranquille, du hasch, pis de la MD. De la MDMA.

MANI – De loin ma drogue préférée.

C'est pas trop intense comme feeling avec une demie, c'est-à-dire une demi-pilule.

GUILLAUME – Ça vient souvent en gélule.

MANI – Pis t'as même pas l'air si gelé que ça. Le nombre de fois où je suis sur la MD et que les gens le savent même pas…

ÉRIC – Juste une tite demie, question de relâcher un peu la tension de la journée. Pas obligé, mais tsé, juste un peu. Ça détend. Ça part bien une soirée.

MANI – Là, on arrive au party, y a comme une seconde de flottement, comme si quelque chose avait atteint son point le plus haut avant de retomber, comme la milliseconde avant l'explosion.

GUILLAUME – Mani était ben trop intense, ben trop excité. Il était même pas dix heures.

MANI – Et là, on ouvre la porte. Boom ! La fête éclate. La fête éclate et fait son chemin à travers le corps des filles, le volume parfait de la musique. La fête éclate et me tend ses deux mains.

La fête attendait son roi.

Je me joins tout de suite à une black hallucinante pour un p'tit bout de chorégraphie. J'ai encore mon manteau sur le dos ostie. Je sais même pus où sont partis les gars.

Party.

J-MO – Je comprends. Je comprends que c'est ton point de vue.

ÉRIC – C'est pas mon point de vue, c'est le bon sens. Donne-moi ton manteau.

J-Mo donne son manteau à Éric.

J-MO – Moi, j'agis pas de même avec mes chums. Ent' chums, on calcule pas.

ÉRIC – Tu penses de même parce que c'est toujours toi qui empruntes.

J-MO – Je sais très bien combien je dois pis à qui, man.

ÉRIC – Je sais très bien combien tu m'dois aussi.

Ils s'interrompent pour saluer quelqu'un.

ÉRIC – Eille salut !

J-MO – Salut.

ÉRIC – Oui, oui, ça va, ça va. Toi ? Tiens je vais l'accrocher pour toi. Ouais… ah oui… OK, t'as raison, crisse-le sur le lit. Pas de trouble. Je sais c'est fou ! OK. À tout de suite. On arrive.

Ciao, ciao.

J-MO – Ciao, ciao, ciao.

Les deux gars reprennent leur discussion.

J-MO – Vous me forcez quasiment à vous suivre, quand j'ai pas l'goût pis qu'j'ai pas d'cash. Pis tu veux même pas m'prêter un vingt ?

ÉRIC – Quand tu m'auras remis le 1 275 $ que tu me dois, je recommencerai à t'en prêter.

Question de principe.

Scène 2

J-MO – OK, merci. C'est ben fin.

ÉRIC – Principe. Mais j'te fronte une MD par exemple.

J-MO – Fuck you !

ÉRIC – J't'a fronte pas, j't'a donne.

J-MO – Fuck off !

ÉRIC – Tiens.

Éric tend une pilule à J-Mo.

J-MO – Non, man.

ÉRIC – Come on, les quatre boys, comme dans l'temps !

J-MO – Non !

Retour.

MANI – Je me promène à travers les corps.

J'ai mal à la main de high five. J'attrape une fille qui allait tomber. J'arrive dans cuisine. Finalement les gars viennent me rejoindre.

Party.

Des shots de Jack. Les boys, les boys !

Les gars poussent des cris de joie.

Retour.

Je vois Corinne…

ÉRIC – C'était Karine.

MANI – Je vois Corinne – avec qui j'ai couché, y a trois semaines, genre – qui m'envoie un bec de la piste de danse.

Party.

Cheers, bitchs !

Les trois autres crient.

Retour.

Je cale deux shots de Jack. Je me retourne. Je vois Kathleen, Benedicte, Julie, Geneviève. Tout le monde est là ! Je me fraye un chemin sur la piste de danse, les bras dins airs. Je vois Manu ! Ensuite, je frôle une brune qui transpire la sexualité, incroyable, incredible. Mais je continue mon chemin, crisse too bad pour la brune, je venais d'arriver, j'allais pas m'arrêter à la première belle fille que je voyais. Crisse, quand t'arrives dans un buffet, t'arrêtes pas aux egg rolls !

Party.

Tous dansent.

Noir.

3

Retour.

GUILLAUME – Si on sort le moindrement de notre cercle, le gars de 30 ans est douche en sacrament. Il a son char, il fourre, il boit de la bière pis il écoute la télé. Il s'entraîne en crisse, pis il parle de plottes.

Party.

MANI – Plotte !

Retour.

GUILLAUME – Qu'il soit en couple ou célibataire.

Party.

ÉRIC – En couple ou célibataire !

Retour.

GUILLAUME – Pis il joue au PlayStation.

Party.

J-MO – PlayStation !

Retour.

GUILLAUME – L'homme de 30 ans veut rester dans vingtaine forever.

La moyenne veut avoir un kid à 45 ans parce que, d'icitte à ce temps-là, il veut fourrer une fille de 24 ans tout le temps.

Pis jouer au PlayStation une fois qu'elle est partie, parce qu'idéalement, elle reste pas.

Moi, personnellement, je trouve qu'on est à une époque où le bonheur individuel a tellement pris de place qu'on est prêts à tout détruire ce qu'on a bâti sous prétexte que : « Eille, je pense que ça me rend pas heureux. » Le nombre de chums autour de moi que, dès qu'il y a une anicroche dans leur couple ou dès qu'ils en viennent un matin à faire comme : « Eille, c'est peut-être pas ça que je veux dans le fond », ils vont tout câlicer là.

Du moment où on a un effort à faire ou un sacrifice.

Un effort me rend malheureux, un sacrifice me rend malheureux ou le moindre compromis… C'est comme si on était rendus avec une espèce de mantra : « Si t'as un compromis à faire, penses-y vraiment deux fois, parce que c'est peut-être parce que ton bonheur est en train d'être brimé. » Pis là, c'est comme s'il y avait une alerte : « Non, mon bonheur passe avant tout. »

À l'inverse, je suis le contraire. Par exemple, dans mes relations, je me rends compte que… Si je prends mes deux dernières relations de quatre ans, je suis prêt à endurer tellement trop pour ne pas perdre ce que j'ai réussi à bâtir. Pis en me consolant de : « Oui, mais je travaille pour atteindre ça dans mon couple pis je travaille pour y arriver. »

4

ÉRIC – Pour les gars dans la trentaine, surtout sur le party, le désir de plaire est dans le tapis. La dégénérescence physique chez l'homme commence à 20 ans. Faque dans trentaine, y a beaucoup de gars qui sont prêts à aller loin pour se prouver que leurs capacités reproductrices sont encore bien aiguisées, fonctionnelles pis invitantes. Au début de la soirée, on savait pas encore à quel point on irait loin pour plaire à cette fille-là.

MANI – La fille. Mon dieu, LA FEMME !

GUILLAUME – Une beauté exceptionnelle.

J-MO – Genre de fille tellement belle, parce qu'a sait pas qu'est belle. Ou si a l'sait, a joue très bien qu'a l'sait pas qu'a l'sait.

MANI – Fin vingtaine, des longs cheveux roux.

GUILLAUME – Des yeux d'un vert… d'un vert presque fluo, des yeux d'elfes genre…

ÉRIC – Très bien dans son corps.

GUILLAUME – Quand j'ai vu cette fille-là, j'ai su que mon côté chevalier Jedi de gars en couple serait mis à l'épreuve.

MANI – J'étais encore en train de danser, j'sens la fin de la toune arriver. Je regarde autour… pis j'la vois, elle entrait dans l'appartement.

J-MO – La fille est entrée avec ses deux-trois amies, pis nos regards se sont croisés.

ÉRIC – Moi, je l'avais même pas remarquée. Je l'ai vraiment pas remarquée avant un peu plus tard dans le party. De toute façon, la fille était pas d'une beauté frappante.

GUILLAUME – Un ange à la peau très pâle, une bouche qui demande mille baisers, des cheveux longs qui bougent comme dans une annonce de shampoing.

J-MO – Dans ses yeux, y avait toute la place du monde pour tomber pis se briser. La seconde où j'ai croisé ses yeux, j'ai eu mal.

MANI – C'est pas un cul qu'elle avait, c'est un fucking magnet. Mes yeux étaient fixés dessus, ma tête était inondée d'images sexuelles.

GUILLAUME – Même si la fille était assez loin de moi, je pouvais sentir son parfum. Pas m'être retenu, je serais allé y prendre une petite puff dans l'cou, mais j'aurais eu l'air d'un gars ben trop louche.

ÉRIC – C'était pas une beauté plastique, c'était comme sa manière d'être qui était belle, sa manière de bouger, de marcher même. Sa manière de s'approcher de quelqu'un, d'engager la conversation, un peu timide, par en-dessous.

J-MO – Cette fille-là était une lame très bien aiguisée, prête à s'enfoncer dans n'importe quel cœur. Ça sentait le trouble à plein nez.

MANI – Moi, qui la baise contre le mur, doggie style. Elle, avec juste la jupe relevée.

GUILLAUME – Genre de fille que j'aurais installée dans un coin chez nous, dans une vitrine, genre, pis que j'me serais jamais tanné de regarder.

MANI – Ma main qui prend ses cheveux. Ses yeux qui me supplient de continuer.

GUILLAUME – Comme une talle de crocus ou d'orchidées. Des fleurs tellement fragiles que même le vent est une menace.

Des fleurs qui se fanent quand t'arrêtes de les regarder pendant trop longtemps.

MANI – En cow-girl inversée sur le sofa, debout dans les toilettes, ben doucement les yeux dans les yeux, fuck man !

J-MO – En y repensant, j'aurais aimé mieux jamais l'avoir vue, même parler d'elle, ça fait mal.

Party.

MANI – Tu bois rien ? Pourquoi tu bois rien ?

J-MO – J'rentre bientôt.

MANI – Ta gueule, tu veux quoi ?

J-MO – Une bière.

MANI – Deux blondes.

J-MO – Merci, je te remets ça.

MANI – Pas d'trouble.

J-MO – C'est quoi le nom de la fille ?

MANI – Laquelle ?

J-MO – Ben voyons, LA fille. Celle que c'est ben trop évident.

MANI – Je sais pas. Mais je la frenche ce soir.

J-MO – Pas sûr.

MANI – Just watch me. Pis toi ?

J-MO – Moi quoi ?

MANI – T'en as spotté une ?

J-MO – M'en crisse.

MANI – Faut pas, man.

J-MO – M'en crisse, chus ben tout seul.

MANI – Faut pas, man.

J-Mo – Chus pas comme toi.

Mani – Voyons toi !

Retour.

J-Mo – J'ai pas envie d'aller fourrer des filles tant que ça, j'ai pas tant de plaisir là-dedans. Saoul dans un party, pis oui, un peu horny. Mais j'ai pas tant envie… Pis par expérience, c'est souvent très décevant, je trouve comme sexualité, des filles passagères. Quand tu touches au cul avec une blonde, avec de l'amour, crisse, c'est tellement exaltant, man. Des fois, l'effort, juste aller fourrer…

Party.

Mani – Il faut s'arranger, pis y aller, pis faire comme pfff. Être crinqué pis s'entraîner, pis être comme là pis avoir une façon de danser rien qu'à toé. Tu te saoules la yeule, pis là, ça commence, une chanson que tu connais, pis c'est comme, tassez-vous… Le cercle s'ouvre, pis tu y vas. Pis là, tu pognes la fille. Pis les filles sont comme : « Ah ! mon dieu ! » Pis tu finis par frencher quelqu'un. Tes mains se baladent sur ses fesses, pis t'es fucking bandé. Pis la fille se frotte, pis elle sait que t'es bandé, pis y a aucun problè… T'sé, vraiment un vidéoclip. T'amènes les filles sur ton territoire, la piste de danse.

J-Mo – Tu commences à être gelé toi, man.

Retour.

Je ne connais pas une personne qui n'a pas adoré son expérience de MDMA. C'est tellement chill. Tellement smooth. T'as juste envie d'être bien, en fait t'es bien.

T'as envie de danser, de jaser, de toucher, t'écoutes les autres. La musique est incroyable, les fruits, la musique tsé, t'as envie de t'étirer n'importe où parce que, soudainement, tu sens ton corps. En fait, c'est comme si tu redécouvrais la puissance des choses, la beauté du monde qui nous entoure. Je suis sérieux. La beauté du monde, les amis, les fruits… tsé, la MD a été inventée pour la thérapie de couple, pour que les couples puissent dire ce qu'ils pensent… sans retenue… libres… dans l'amour. Les militaires aussi, quand ils revenaient de la guerre pour… C'est pas rien ça, juste du bien-être…

Party.

Guillaume fait un massage à Éric.

ÉRIC – J'sais pas comment tu fais. J'dis ça, mais j'ai jamais trompé aucune blonde. C'est juste que de jamais aller voir ailleurs, j'trouve que c'est beaucoup demander à l'autre.

GUILLAUME – C'est la base du couple.

ÉRIC – Faut que t'assures sexuellement en ostie, si tu demandes à l'autre de jamais aller voir ailleurs. Tsé, toutes les fantasmes, toute ce que l'autre veut, j'sais pas, toutes les perversions, faut que tu sois capable de fournir.

GUILLAUME – Oui, mettons que tu veux fourrer dans le cul, pis a veut pas ?

ÉRIC – Pire. Mettons que elle, elle veut te fourrer dans l'cul.

GUILLAUME – Han ?

ÉRIC – Mettons que le fantasme de ta blonde…

GUILLAUME – Ouain…

ÉRIC – C'est de se mettre un gros dildo pis de te buttfucker, mettons. C'est gros, là.

GUILLAUME – Eille, non, esti.

ÉRIC – Ouain, pis le fait de dire non, ça la frustre sexuellement, pis votre vie de couple, votre vie de famille en souffre.

GUILLAUME – Qu'a l'aille buttfucker un autre gars.

ÉRIC – Tu vois, faque tu permettrais à ta blonde d'être infidèle pour aller enculer un autre gars.

GUILLAUME – Ma blonde veut pas enculer personne.

ÉRIC – Je sais, toute ça est hypothétique.

GUILLAUME – En même temps, dans l'absolu, tant qu'à m'faire enculer, j'aimerais mieux que ce soit par la mère de mes enfants.

J-Mo arrive.

J-MO – C'est-tu embarqué vous autres ? Parce que Mani i'est drôle en crisse !

Lumière sur Mani qui capote en dansant sur Like a Virgin, *puis sur Guillaume, Éric et J-Mo.*

GUILLAUME – Pas encore.

Guillaume termine le massage à Éric.

Les gars cherchent un peu quoi faire.

J-MO – Câlice que c'est plate ! Bon, on rentre ?... On prend des shots ? On boit autre chose ?

ÉRIC ET GUILLAUME – Ouain OK !

Guillaume et J-Mo s'éloignent.

Scène 4

ÉRIC – C'est une soirée incroyable. Le vent est tellement chaud. Le vent est bon, le vent est bon, c'est incroyable !

5

Retour.

J-MO – Rick, c'est le gars le plus focus que je connaisse. Il voit un truc qu'il veut et boom. Il s'arrange pour l'avoir, et il réussit presque tout le temps, il n'y a comme rien d'impossible. Tsé, des fois on dit qu'une personne a une bonne étoile, eh bien Éric a une constellation au-dessus de sa tête. Pis positif, il est positif ! Pis c'est le fun ostie de voir que tes amis réussissent. Pis qu'ils y arrivent, parce qu'ils l'ont visé, t'sé. Ils savent exactement comment faire pour atteindre la cible… Tout le temps, tout est comme calculé presque. Tout est parfait.

Party.

ÉRIC – Tu pèles tes patates.

GUILLAUME – Oui.

ÉRIC – T'es coupes en rondelles.

GUILLAUME – Assez larges ?

ÉRIC – Un pouce, un pouce et quart max.

GUILLAUME – OK.

ÉRIC – Tu fais bouillir tes patates, mais pas trop, parce qu'i' vont recuire plus tard dans la crème, le vin blanc pis le reblochon.

GUILLAUME – Wow !

ÉRIC – Oui. Pendant que tes patates bouillent, tu fais suer tes oignons.

Scène 5

GUILLAUME – Suer ?

ÉRIC – Cuire légèrement. Pour enlever le liquide.

GUILLAUME – OK. Les oignons, t'es coupes en rondelles aussi ?

ÉRIC – Nonon, tu coupes tes oignons à l'indienne.

GUILLAUME – Indienne ?

ÉRIC – Sur le long.

GUILLAUME – OK.

Retour.

J-MO – … tout le temps, tout est comme calculé presque. Tout est parfait…

Party.

ÉRIC – Pas en julienne, à l'indienne !

GUILLAUME – En julienne, c'est su'l'long aussi.

ÉRIC – Oui, mais en julienne c'est des morceaux rectangulaires !

GUILLAUME – Mais ça fait pas…

ÉRIC – Pis à l'indienne, ça donne des morceaux courbés, comme des moitiés de…

GUILLAUME – Ça fait pas d'différence au niveau du goût !

ÉRIC – Regarde, tu coupes ton oignon en deux pis chaque moitié encore en deux.

GUILLAUME – Faque en quatre ?

ÉRIC – Oui, deux fois en deux pis tu coupes chaque quart en lanières assez fines en partant du haut.

GUILLAUME – OK, à l'indienne.

ÉRIC – Oui ! Tu réserves tes oignons. Après tu fais cuire tes lardons pour qu'i'soient quand même assez grillés, faut qu'i'soient assez croquants pour varier la texture.

GUILLAUME – Parfait.

ÉRIC – Tu réserves tes lardons.

GUILLAUME – Oui.

ÉRIC – Une fois que tes patates sont prêtes…

GUILLAUME – Oui…

ÉRIC – … dans le fond de la casserole dont tu vas te servir pour faire cuire ta tartiflette dans le four…

GUILLAUME – OK…

ÉRIC – … tu mets deux cuillères à soupe de gras de canard. Tu fais dorer tes patates là-d'dans.

GUILLAUME – Super !

ÉRIC – Une fois que toutes tes patates sont bien dorées, tu rajoutes un trois quart de pinte de crème…

GUILLAUME – Trente-cinq ?

ÉRIC – Moi je mets d'la quinze, d'la trente-cinq tu te sens pas ben.

GUILLAUME – OK.

ÉRIC – Tu rajoutes un quart de bouteille de vin blanc…

GUILLAUME – Hmm, hmm.

ÉRIC – Tu sacres un gros reblochon fermier là-dessus, température pièce, coupé en deux. Coupé s'a tranche. Coupé quand y sort du fridge, sinon c'est un calvaire.

GUILLAUME – Parfait.

Scène 5

ÉRIC – Tu mets ça à 375 pendant 35-40 minutes.

GUILLAUME – Pis tu prends un rendez-vous chez le médecin pour te faire déboucher les artères.

6

Party.

Lumière sur les gars qui rient.

Gros fou rire. Long fou rire. Très long fou rire.

Les gars ont beaucoup de plaisir.

MANI – On se fait-tu une autre demie, les boys ?

GUILLAUME ET ÉRIC – Certain/ouais.

ÉRIC – J-Mo ?

J-MO – Enwaye une demie, fuck it.

TOUS – Yeah !

7

Retour.

ÉRIC – Mes chums me disent : « Eille, pas de bec dans le cou, fourre-la sur la table, pis fais-y pas à déjeuner le lendemain, man ! » Mais j'ai pas ce tempérament-là. Moi, je suis vraiment plus… Pis ça fucke toute, esti, parce que, mettons que je couche avec une fille, je dors avec de même. *(Il enlace une femme imaginaire.)* Elle, elle comprend pus rien, c'est sûr que je fucke le code. Elle tombe en amour, pis il faut la gérer. Moi, j'ai besoin de cuddle au boutte, de tendresse.

Malgré tous mes efforts pour regarder ailleurs.

J-MO – On s'en crisse…

ÉRIC – J'étais incapable de pas fixer la fille…

GUILLAUME – LA fille !

ÉRIC – J'étais comme un disque qui saute, qui revient toujours à même place. Peu importe de quoi je parlais, peu importe où j'étais pis avec qui, mes yeux revenaient sur elle, non-stop. Elle, elle était très belle. Je sais pas comment dire. Belle. Elle était belle.

MANI – La fille…

ÉRIC – La fille…

GUILLAUME – LA fille.

ÉRIC – … J'sais pas, les gars capotaient beaucoup trop, je veux dire, c'était presque une agace…

MANI – Là, ça faisait une demi-heure que j'écoutais les gars dire des niaiseries, et je la revois. Assise au bar. Crisse qu'elle était belle. Je vois qu'elle parle à son amie, laide, laide, laide. Je me dis que c'est parfait, la laide va m'aider à me la pogner, ou du moins à aborder une discussion. Pis je me dis qu'une fille qui vient à un party avec son amie laide c'est parce qu'elle est célibataire. C'est sûr. Elle-même utilise son amie laide comme un support. Crisse, la fille se tient à côté de quelque chose de laid, c'est sûr qu'elle se fait remarquer. Elle est pas folle la fille. Mais, moi non plus, pas de trouble, tu veux jouer à ça ? eh bien pas de problème, two can play this game, que je me dis. Là, au moment où je tente de trouver une façon d'attaquer, la belle se lève et part à la salle de bain. Bingo ! J'attaque. Je pars m'asseoir directement à côté de la laide qui boit un genre de vodka canneberges, et je me mets tout de suite à lui parler, de tout et de rien. C'est pénible, mais c'est pas grave. Cinq minutes plus tard, elle revient, la déesse, voit que j'ai pris sa place, elle se met à ma droite. Faque là, il y a la belle à ma droite, moi au centre, et la laide à ma gauche. Et moi, je m'assure de bien fermer le dos, tsé, bien ignorer la belle à ma droite. Et là, je ris, je parle fort, la laide capote sur moi, je touche sa main, elle recapote, je sens la belle s'agiter parce que crisse, son ami gremlin a plus d'attention qu'elle, elle capote et boom ! Elle mord : elle demande à son amie, par-dessus mon épaule, si elle veut boire d'autre chose, et moi de me retourner vers la belle et de dire… « Tu peux-tu ne pas interrompre ? » Oh ! Boom shakalaka ! La laide rit comme une laide, moi je ris aussi, je regarde la laide, retourne à la belle et lui dit : « Excuse-moi, je fais des blagues. » Je me lève, je lui cède la place, sa place, je leur souhaite une belle soirée et je pars…

J-MO – Sophie nous en parlait. Il fourrait pus. Pus de cul avec sa blonde, zéro sexualité, une fois aux six mois genre parce qu'il se sentait obligé. Il était juste obsédé par le travail, le succès, le théâtre, power trip total. Juste ça. Faque elle l'a crissé là. I'en parle pas, fait comme si de rien, mais il s'en est jamais remis… pis là, il est devenu comme…

GUILLAUME – La méthode de l'amie laide, voir si y a quelqu'un qui croit à ça. Si la belle fille est sortie ce soir-là avec son amie moins belle qu'elle, c'est pas pour attirer l'attention sur elle, mais c'est parce que c'est son amie, ostie. C'était tellement gros, la fille voyait très bien à quel genre de moineau a l'avait affaire.

MANI – Bang ! Deux minutes plus tard, un vodka canneberges dans une main, deux shooters de vodka pickle dans l'autre main. Je dis à la belle : « Scuse-moi, loin de moi l'envie de t'imposer quoi que ce soit, mais cale ça. » Elle sourit, regarde la hobbit, un, deux, trois, boom ! Elle cale. Le temps qu'elle se remette de la face qu'on fait quand on boit un shooter, je la prends par la main, la laide aussi, et je les amène sur la piste de danse, je leur laisse pas le choix. Pis là, y a comme une espèce de ralenti cliché qui s'installe. On est face à face. Elle me regarde dans les yeux. Là, y a comme entre nous deux un échange de phéromones, une décharge électrique qui fait tilter ma petite aiguille de désir animal. Sur le mix parfait de la musique, son corps se tord de plaisir, son corps est en harmonie parfaite avec le beat. La fille est tellement libre que c'en est cochon. Mes yeux sont en gros plan séquence sur son cul. Nos corps se lâchent pas. J'y fais l'amour avec ma vibe. Pis là, tabarnac, fouille-moi pourquoi, la laide part en courant. Comme ça. Faque la belle fille la suit en me laissant tout seul sur la piste de danse…

GUILLAUME – Mani avait aucune chance, c'était clair. Mani niveau 6, mettons, la fille niveau 28.

Noir.

8

ÉRIC – On a besoin de modèles, mais on vit en même temps dans un genre de cynisme qui est venu de… Parce que c'est facile de dire que les gens sont désabusés pis toute ça, mais ça vient d'en que'que part, ça vient de ce qu'on s'est fait donner aussi pis comment ça a été géré avant nous autres. C'est pas juste nous autres qui est cyniques. Pour moi, il y a quelque chose… faut qu'on soit socialement responsable et en même temps, on vit dans une société de consommation. On existe par la consommation, on veut recréer les mêmes modèles qu'on a déjà créés… Mais, t'sé, avoir une maison, avoir des enfants, avoir un char, aller travailler, être pogné dans le trafic deux heures par jour, revenir à la maison, éduquer ses enfants comme il faut, en prendre soin, être le bon amant, être à l'écoute, être un bon cuisinier… Esti, c'est lourd ! Des fois, je regarde le pattern pis je regarde mes chums qui ont pas notre job, parce que, des fois, je me dis que c'est juste nos horaires de job, mais de builder le pattern que nos parents nous ont donné en ce moment, des fois, je fais… Il y en a des gars qui ont fait : « OK, on y va, on donne tout », pis qui se sont crissés des paiements par-dessus les épaules, pis là, ils font comme : « Esti, je suis strappé, ça peut pas lâcher. Il y a pas de place pour que ça lâche. » Eille, c'est sûr que le monde sont sur les pilules. C'est clair qu'ils sont sur les pilules !

Party.

MANI – Ça fait combien de temps t'as pas voté ?

J-MO – Le jour où je vais trouver un parti qui va me donner envie, je vais voter.

Scène 8

MANI – NPD Québec, man. Ils parlaient de ça dans le journal ce matin. NPD Québec.

J-MO – Qui serait quoi ?

MANI – Gauche fédéraliste.

J-MO – Mais ça serait une branche de NPD Canada ? Le libéral, là…

MANI – NPD Québec.

J-MO – … le libéral a aucun rapport avec les libéraux, heu, le parti libéral du Canada…

MANI – Du Québec ?

J-MO – Les libéraux du PLQ ont pas rapport avec le PLC ?

MANI – Ben, c'est quand même des partis de centre droite, les deux.

J-MO – Ouais, mais ils ont pas de rapport. Je veux dire le bureau fédéral lance pas des appels à Couillard.

MANI – Non, non, c'est deux regroupements complètement différents.

J-MO – Puis est-ce que les libéraux de l'Ontario…

MANI – Non, mais ça serait un NPD provincial. Pis les libéraux de l'Ontario ont pas rapport avec les libéraux du Québec.

J-MO – Pis les libéraux du fédéral non plus.

MANI – Non plus.

J-MO – C'est fou quand même, parce que…

MANI – Le parti conservateur de l'Ontario a pas rapport avec le parti conservateur de Stephen Harper. Mais ils partagent une grande idéologie quand même.

J-MO – Mais ils partagent pas des fonds, ils partagent pas une vision politique…

MANI – C'est toutes des organisations différentes.

Retour.

J-Mo – On vit dans un pays qui nous oblige pas nécessairement à être hyperpolitisés, parce qu'on vit relativement bien. Même si je vais pas voter des fois pis je m'intéresse pas à la politique, je peux vivre ma vie pis pas être… Je veux dire, on est pas en Syrie pis… Je le sais aussi que c'est cave penser de même parce que c'est pas vrai que… Il y a plein d'inconstances dans la politique pis dans la société. Il faut s'y intéresser, il faut y participer.

Party.

Éric – Je me suis retrouvé avec des anglophones qui me disaient la même affaire : « Quebec is a bubble. »

Mani – Tellement.

Guillaume – Les Anglais !

Éric – « Vous pensez que ça marche, mais avez-vous… » T'sé, pis la péréquation. C'est nous autres qui en reçoit le plus en ce moment, mais big fucking time !

Guillaume – C'est pas vrai.

Éric – Non, mais la péréquation, t'aimes mieux en payer qu'en recevoir. Ça veut dire que ton pays, en fait ta province, a n'en fait du cash. Là, nous autres, c'est que le reste du Canada fait : « Ah, vous manquez d'argent. » C'est comme le divorce.

Guillaume – Oui, mais y faut faire attention avec la péréquation, parce que c'qui disent pas, c'est que le montant que les provinces reçoivent est proportionnel à la population. C'est de la bullshit de dire que le Québec est sur le BS du Canada. Oui, le Québec reçoit un gros montant, mais moins que d'autres provinces par habitant. Pis on est un État social, c'est sûr que ça coûte plus cher.

ÉRIC – Mais on est pas capables de le payer. On est même pas capables de payer ce qu'on s'est donné, faque il y a quelque chose là-dedans…

MANI – C'est pour ça qu'on est imposés à 50 %. À un moment donné, tu fais comme…

GUILLAUME – 52, man.

MANI – 52 % !

ÉRIC – T'sé, tu peux pas le mettre à 55, là.

GUILLAUME – Ben là, c'est les riches qu'il faut plus imposer.

ÉRIC – Pis, cette affaire-là, de faire aussi… ça c'est un autre discours, de… Je suis pas sûr. Les riches, qu'il faut imposer plus les riches, pis les riches… Je suis riche. Je suis pas capable de m'acheter une maison cash, mais j'ai pas d'enfant, pas de goût de luxe et dans une société où le salaire moyen est de 42 000, je suis riche. Point.

Je pense que les taxes, c'est le prix d'une société civilisée. Tsé, j'ai toujours cru en une sorte de justice sociale, j'ai toujours cru que de vivre dans un système progressiste…

Les gars réagissent.

C'est-à-dire un système qui exige moins des faibles revenus et qui demande un effort fiscal plus important à ceux qui sont plus en moyen, c'était la moindre des choses.

Les gars veulent l'interrompre.

Une sorte d'équité et de redevance où on serait capables de s'entraider pour avancer conjointement, de se bâtir et de se soutenir ensemble. De se donner les moyens. En santé, en éducation. Partout. J'ai toujours endossé cette pensée-là.

Jusqu'à ce que je me mette à faire de l'argent.

Même jeu.

J'ai aucun problème avec le fait de soutenir ma société, mais c'est juste que j'ai pas le goût de donner l'argent au gouvernement. Crisse c'est des menteurs.

Même jeu.

Il me ment. Je fais partie de la classe moyenne, je fais un revenu qui oscille entre cinquante pis cent mille, on est combien à faire ça au Québec ?

18,7 %.

Même jeu.

Pis là, ma société me dit : « Parfait, c'est vous les 18,7 % qui allez payer 40,4 % de tous les impôts… » Faut se donner des moyens.

Même jeu.

OK. Parfait.

Me semble que y a un petit déséquilibre mais good. Fair enough.

J'ai aucun problème.

Même jeu.

En fait c'est pas vrai.

J'ai deux problèmes.

Là où ça me fait chier, c'est que le gouvernement manipule l'opinion publique contre moi. On prend pour acquis que... quand ça va se mettre à chirer et qu'on va avoir besoin d'argent, à la place de partir après les grandes entreprises, les multinationales et ceux qui font dorer leur argent au soleil... vu que je travaille fort et que je réussis à dégager des surplus, ostie c'est après moi que le gouvernement va partir. Et pire ! I'va même réussir à faire croire à presque la totalité de la population que si on a pas assez d'argent en ce moment, c'est parce que MOI j'en donne pas assez. Câlice !

I' vont faire croire que c'est la moindre des choses. Que pour avoir une société évoluée et à la hauteur de ce qu'on mérite, moi pis ma gang des 18,7 %, on devrait tout simplement augmenter nos impôts. Et que ça devrait même nous faire immensément plaisir.

La journée où t'en fais plus, t'en payes plus et y a absolument rien qui change dans ta vie. T'as rien de plus. C'est comme avec toi.

J-MO – Quoi ?

ÉRIC – J'en fais plus, je t'en donne plus, mais ça change rien dans ma vie. « C'est quoi la différence ? Tu m'as déjà passé 1 275 $. Moi en amitié comme ailleurs, je calcule pas. » On le sait câlice que tu calcules pas, c'est pas une grosse nouvelle.

GUILLAUME – Ben voyons !

MANI – C'est ça, c'est ça, c'est les super-riches qu'il faut imposer...

ÉRIC – Moi, je pense que les gens qui payent pas d'impôts, y devraient pas avoir le droit de vote.

Noir.

Lumière.

Retour.

J-MO – Je vais lire le journal. Je vais le lire. J'me dis que ça va m'intéresser. Lire sur la politique internationale, sur ce qui se passe dans le monde, au Canada, mais à toutes les fois que je lis ça, je fais : « Arggg, esti qu'on s'en câlice ! » Je sais que c'est faux, mais il y a quelque chose qui connecte pas dans ma tête. C'est-tu de la paresse ? Je pense pas.

9

GUILLAUME – Je voulais pas déménager sur la Rive-Sud. Je voulais pas. Je me souviens d'avoir dit à des chums : si un jour vous me voyez m'acheter un bungalow sur la Rive-Sud, crissez-moi une balle dans tête. C'est fort pareil. Je me suis toujours dit que le plus beau cadeau que je pourrais offrir à mes enfants, c'était de les élever en ville. À l'école, je le voyais tout de suite ceux qui avaient été élevés à Montréal pis ceux qui avaient été élevés en région. Mais c'est ça. Le monde me dit : « J'sais pas comment tu fais, moi je voudrais jamais. » Ben moi non plus je voulais pas, mais je l'ai pas le 250 000 $ de cash down qu'est-ce que tu veux que je te dise ? Pis j'ai ben beau me convaincre que c'est cool, que j'ai une belle maison, que j'ai une belle grande cour, que je suis juste à quinze minutes des ponts… mais je continue d'avoir le sentiment d'échec. Ouin, comme un échec social, j'suis là parce que je pouvais pas m'offrir plus. Ouin, un échec social…

J-MO – Parce que j'ai 36 ans, je réussis pas vraiment dans la vie, j'ai pas d'argent, je suis pas en relation. Pour moi, un gars de 35 ans, c'est un gars qui commence à avoir une famille. C'est un gars qui, s'il réussit pas dans son domaine, il se revire de bord et il commence à penser à gagner sa vie. Pour éventuellement…

Je suis tellement pas matérialiste. S'acheter une maison, s'acheter un char, s'acheter… T'sé, je veux dire, à un moment donné, à 40 ans… On dirait que 36 ans, c'est pas si pire dans la mesure où… C'est comme 40 ans le deadline dans ma tête, t'sé. On dirait qu'à 35 ans, je peux encore faire une année de plus. Mais, ça doit être ça, ça doit être un homme, un gars de 35 ans. Dans la trentaine, tu deviens un homme, pis je sens pas que je suis un homme encore. Je sais pas trop. J'en suis conscient, mais je prends pas les mesures pour éradiquer ça.

En fait, en ce moment dans ma vie, je suis un peu désabusé de l'amour proprement dit. Je suis un gars qui a été en couple de 18 à 30 ans, non-stop, deux-trois ans. Quand ça finissait, il y avait une fille qui était là, qui attendait, ou un autre kick ailleurs. Pis, l'affaire de… En fait, moi, ce que je veux pas dans la vie, c'est finir mes jours tout seul. Est-ce que c'est une bonne raison pour être en couple ? Probablement. Mais au quotidien, c'est une raison de marde. Quand ça fait deux-trois ans que t'es avec une fille… À toutes les fois que j'ai eu des blondes, c'était ça. À un moment donné, plus de kick, plus rien. Elle était comme devenue ma chum pis, dans le fond, prenons-nous chacun un appartement séparé pis voyons-nous pour fourrer une fois de temps en temps. Pis même ça…

Oui, c'est ça. Jamais j'ai fait d'efforts. Jamais assez, en fait. C'est cliché, mais je suis vraiment un amoureux de l'amour. Faque quand ce kick-là est passé… Je vois plus de raison de… Je l'intellectualise encore : « Voyons, man, à un moment donné, c'est l'fun bâtir de quoi avec quelqu'un. » Pis je le sais que c'est un pattern, je suis pas cave. Mais je m'en suis pas sorti. Pis là, ça fait quatre-cinq ans que j'ai pas de blonde. De temps en temps une fille, mais je cherche pas ça. Je suis disponible… Je sais pas si je suis aussi disponible que ça en fait. En fait, moi, dans ma vie, ça a beaucoup à voir avec l'argent.

La transition entre la confidence et le party se fait graduellement. J-Mo se joindra à la discussion des autres gars.

Ça fait comme quatre-cinq ans que je patine.

Party.

Moi aussi, man. Moi aussi, j'suis content d'te voir.

MANI – J'veux juste bien mourir.

ÉRIC – C'est quoi bien mourir ?

MANI – Ben, cliché, là. Mourir dans son sommeil. Mourir-mourir, pas mourir pis souffrir. Pas mourir à petit feu, pas de longue agonie.

GUILLAUME – Depuis que j'ai mon kid, j'ai jamais pensé autant à ma propre mort.

ÉRIC – Y a pas quelque chose de rassurant là-d'dans ? J'pensais que le fait d'avoir un enfant, ça faisait que tu sentais ta continuité, que tu léguais une partie de ta personne, c'est déjà une façon d'être éternel.

GUILLAUME – Mais j'veux être là pour lui. J'veux l'voir grandir, j'veux voir ses premiers pas.

Moi, ça fait longtemps que j'trouve pus ça mongol de prendre un crayon. J'ai hâte de l'voir prendre un crayon pis trouver ça mongol. Tsé, mettre des Pixar, se chatouiller, rire dans un lit pendant toute une journée un dimanche, j'en braille.

J-MO – Moi, c'qui m'fait peur, c'est pas comment j'vas mourir, c'est de rater ma vie. Y a tellement de choses que j'ai pas faites encore, tellement d'affaires que j'veux avoir le temps d'faire.

ÉRIC – Faudrait que tu commences, mon J-Mo.

J-MO – J'sais.

GUILLAUME – C'est pas en passant des semaines sans sortir que tu vas t'accomplir mon homme.

J-MO – J'attends quelque chose, on dirait.

Retour.

ÉRIC – Il est super J-Mo, mais crisse, je sais pas si c'est de la paresse ou quoi, mais…

En fait, je pense qu'il est capable de faire ce qu'il veut. Super intelligent, sportif, super acteur, drôle, bouge bien, j'sais pas.

GUILLAUME – Un manque de confiance on dirait. Pis c'est fâchant parce que t'as envie de le prendre pis de le brasser pis d'y dire : « Eille ! »

ÉRIC – Honnêtement, je pense que c'est pour ça qu'il pogne pas. Il pourrait mais crisse, quand on s'aime pas soi-même comment tu veux que quelqu'un d'autre t'aime ?

Party.

GUILLAUME – En même temps, t'en fais plein d'affaires.

J-MO – Oui, mais pas assez à mon goût.

MANI – Go for it.

J-MO – Ouain.

Shooters ?

MANI – Shooters !

Noir.

Retour.

MANI – Perdre mes cheveux… poil dans le nez… poil qui pousse dans le dos… prendre du poids pus capable de le perdre… peur de repogner le cancer… mon genou… Mon genou me fait peur. Je ne veux pas avoir à remplacer mon genou à 55 ans. Je sens que d'année en année, il travaille. D'année en année, je peux moins marcher longtemps, d'année en année, plus je monte des marches, plus il me fait mal. Pis je sais qu'il faut que je le règle ce problème-là. Le reste, je m'en câlice. Les cheveux un peu, mais je m'en fous. C'est pas si important que ça. Vieillir en forme, c'est juste ça. Je veux être encore capable de me lever pis de courir à 55 ans. Aujourd'hui, je me lève, je sprinte vingt mètres pis j'ai mal à la jambe pour deux jours. Il faut que je fasse reconstruire mon genou aujourd'hui, pour pas le regretter à 55 ans, pour que je puisse guérir vite. C'est vraiment la seule chose qui me fait parfois freaker.

Des fois, je vois mon père qui a 75 ans pis qui commence à avoir mal aux pieds. Il se lève pis il marche une heure et demie pis il se tient drette. Pis je fais : « Ah ! fuck, il faut que ça soit ça. » Je veux pas être un vieux qui est comme : « Ah ! Ah ! il faut que je me lève. » Des fois, je suis de même. Des fois, assis trop longtemps, je me lève pis ça fait : « Ah ! fuck ! » Pis je fais : « Voyons, dude, t'as trente ans, qu'est-ce tu fais ? » On a trente quelques années, ça a pas rapport ! C'est ça qui me fait peur, mais pas l'idée de vieillir ou d'avoir des rides ou des cheveux blancs. Ça je m'en câlice. Au contraire…

GUILLAUME – Câlice de combat éternel ! Je sais qu'i'faudrait que j'fasse plus attention, peser ce que j'mange, compter mes calories. Je l'ai déjà fait, mais… C'est sûr… Avec un kid c'est sûr que c'est plus une préoccupation. Être en forme longtemps, donner l'exemple, être un modèle, pas mourir tu-suite, mettons !

En même temps, je mange pas comme un ostie de cochon. Tsé je me clanche pas des bols de Skittles avant de me coucher pis je déjeune pas au May West, ostie. Mais t'sais quand t'as soixante livres à perdre, c'est pas juste en coupant le dessert. Crisse faudrait que je sois tous les jours au gym pis manger de la salade de thon matin, midi, soir. Avoir le sentiment de te priver tout le temps.

Ça fait depuis que j'ai 13 ans qu'on me traîne dans des maudites rencontres de Minçavi de marde… 13 ans, entouré de madames de 50 ans, pis on fait la ligne devant la balance pour se faire peser devant tout le monde…

Mais c'est ça, là j'ai un kid, fait que…

10

MANI – Le party, qui était déjà crissement l'fun, est passé au next level.

Party.

J-MO – J'call de la poudre.

ÉRIC – T'as pas d'cash.

J-MO – J'vas m'arranger.

Retour.

MANI – Une espèce de point de non-retour. Ça va trop vite pour regarder en arrière. J'avais réussi à cruiser un peu ici et là, mais rien de l'fun. Il y avait toujours la rousse qui se promenait dans la place comme une princesse…

ÉRIC – La fille était beaucoup plus belle qu'intéressante, je pense.

J-MO – On s'en crisse.

MANI – Sa peau, ses yeux…

GUILLAUME – Moi, c'était toute. Mais c'était interdit. Jedi, ostie, Jedi.

MANI – Il commençait à être tard, il commençait à avoir beaucoup de monde, il y en avait qui partaient, d'autres qui arrivaient. L'heure sépare toujours les winners des losers.

L'ostie de belle fille restait là, offerte à tous, à tous les regards, les envies, les désirs, les fantasmes.

GUILLAUME – Une fille comme une page blanche.

MANI – J'sais pas, j'arrivais pas à m'en crisser. Elle était…

J'ai rarement senti autant de désir pour quelqu'un à qui j'ai même pas encore vraiment parlé. Pis je sentais que les gars aussi tentaient de…

Rick qui essayait de lui parler. Crisse, no way, peux pas laisser Rick prendre trop de terrain. Désolé mon gars, mais quand i'est question de fourrer, y a pas d'amitié qui tienne.

Noir.

11

J-MO – Y a toujours ce boutte-là dans un party, le boutte où j'suis tout seul dans le coin, pis je regarde le film du party se passer devant moi, sans avoir aucune ostie d'envie d'y participer. Guillaume est en train de jaser avec la fille qui met la musique, fille qu'i'va finir par frencher plus tard dans soirée. Ben oui. Le bon père de famille en train de faire le paon.

Party.

GUILLAUME – J'suis chanceux. Vraiment chanceux. Je travaille juste avec des gens exceptionnels. Non, pis laisse-moi dire qu'y en a des trous d'cul dans notre milieu…

Lumière sur les trois autres qui dansent.

Mais j'attire pas ça, moi, on dirait. Check, Antoine Bertrand, toute l'équipe d'*1, 2, 3… Géant :* exceptionnels. Sur *Louis Cyr,* Antoine pis moi, on a vraiment boundé. C'était incroyable, la plus belle expérience professionnelle de ma vie. Pis *1,2,3… Géant,* écoute, c'est plus que des relations de travail, c'est une famille.

Retour.

J-MO – Mani qui parle avec une fille, dont il se câlice, visiblement. Il fait juste regarder la rousse qui danse.

Scène 11

Party.

Lumière sur Mani qui écoute quelqu'un de façon distraite.

MANI – Ah oui ? T'as fini en quelle année ? 2014 ! Oh wow, OK. Conservatoire c'est ça ? Super. Oui, oui, je connais. Quoi ? Le FTA, oui. C'est drôle que tu dises ça, je cherche justement une actrice. Qu'est-ce que tu fais en 2016 ? Je te le dis, je vais créer NEUF, ben c'est le titre provisoire, pis je cherche une actrice. Es-tu libre ? Libre comment ?

Retour.

J-MO – Rick parle avec une femme superbe qui doit avoir 45. Accoté su'l'comptoir de la cusine, avec son sourire de magazine dans face, i'a l'air de poser. Mais je l'connais assez pour savoir que si i'est accoté, c'est parce qu'i'est su'l'bord de tomber. La femme y joue dins cheveux en y chuchotant que'que chose.

Lumière sur Éric qui a les yeux fermés et qui sourit.

ÉRIC – Hon ! C'est l'fun ça. Arrête pas, arrête pas.

Dis pas ça.

Non, non, non, non, non, eille ! Dis pas ça, t'es vraiment jolie.

Éric ouvre les yeux.

Wow ! T'es tannante.

Retour.

J-MO – Et pis la rousse qui danse, qui danse comme si y avait rien d'autre au monde qui existait. En me regardant en plein dins yeux, une fois de temps en temps. J'vas pas la voir, j'vas pas y parler. Y avait que'que chose de vraiment trop… de vraiment trop dangereux entre moi pis elle.

Je garde mes distances.

12

J-MO – Il y a le concept d'autodestruction, le concept d'être sur le party, sur la brosse, mais il y a aussi l'extase, l'espèce de drive de… Je m'emmerde vraiment, vraiment, vraiment facilement dans la vie, moi, mais vraiment, vraiment facilement. Esti que je trouve ça… Il faut que je sois stimulé, stimulé, stimulé tout le temps pis la drogue pis le party, c'est comme un wooouuuaaaahhh ! Plutôt que juste l'autodestruction ou la fuite proprement dite de la vie, qui est morne par moments, c'est aussi comme l'envie de : « Je veux être exalté. »

ÉRIC – Ben, en fait, c'est parce que c'est un dépresseur. L'alcool, c'est un dépresseur, faque ça nous fait tous du bien. Ben, deux verres, c'est un dépresseur, après ça, ça devient un stimulant.

GUILLAUME – Moi, juste de l'alcool, ça m'endort. Faque je fais juste me tenir un peu plus longtemps avec d'la poudre pis à quatre heures et quart, j'vas me coucher.

MANI – Tout est possible pis tu te mets à te dire des vérités, il y a plus d'autocensure. On dirait que cette porte-là que la drogue ouvre…

J-MO – La coke ? C'est autre chose. C'est plus violent. Moins d'écoute. C'est comme… on appelle ça King of the world des fois pour niaiser. T'as une sensation de j'sais pas, pus de limite, confiant, King of the world. Pis ça monte, ça monte, c'est comme…

Party.

Dans les toilettes, les quatre gars se font des clés de coke.

MANI – Je pense qu'il y a un confort qui nous empêche d'aller au bout de nos convictions. Je pense qu'il y a beaucoup de convictions, mais je pense qu'il y a un réel constat de quelque chose, un constat de prise de responsabilités, un constat social, mais on est juste un peu lazy.

GUILLAUME – Ouais, parce qu'on est ben.

J-MO – On est ben. Il y a pas de raisons…

ÉRIC – Dans le fond, on a pas nécessairement envie que ça change.

GUILLAUME – Ça changerait pas concrètement.

ÉRIC – On a peur du changement peut-être.

MANI – Non, je pense qu'on est pas rendus assez loin pour en avoir réellement besoin. Le changement est pas assez concret. Je pense qu'il y a plein d'idées de vouloir changer les choses, mais on est dans un confort qui vraiment nous anesthésie un peu. Je pense que c'est la génération après nous qui va agir solidement.

ÉRIC – Nous autres, on va soaker les baby-boomers, ça va être incroyable.

J-MO – Qu'est-ce que tu veux dire soaker ?

ÉRIC – On va éponger toute cette affaire-là, la marde.

GUILLAUME – On va ramasser cette marde-là.

ÉRIC – La marde qui va nous tomber dessus.

Ils prennent une clé de coke.

MANI – Mais, c'est parce que là, on le réalise pas. Pis quand ça va nous tomber dessus, nous autres on va vouloir vivre avec pis il y en a d'autres qui vont devoir régler le problème.

Scène 12

ÉRIC – Les populations actives sont à la veille d'être en infériorité par rapport aux populations passives. Dans quelques années, on devient des sociétés mourantes.

J-MO – Quand même.

ÉRIC – Dans dix ans, on est une société mourante.

GUILLAUME – Ben déjà, on est pas loin, il y a ben plus de vieux que de jeunes.

ÉRIC – On va tous, tous, tous travailler pour ceux qui sont en train de mourir, ceux qui s'en vont tranquillement vers leur mort. Toute la population active va travailler pour le passif. C'est fou raide.

Autre clé de coke.

MANI – J'en parlais l'autre jour, je pense aussi qu'on est une génération où on voit pas l'avenir.

J-MO – On se projette pas loin.

MANI – On a pas de projection lointaine. On a pas de… Je sais pas.

Même jeu.

Le futur n'est pas clair. Il y a toujours eu : « Ça va être comme ça, ça va être comme ci. » Pis un espoir de construction vers quelque chose. Là, on est comme : « Eille, si t'as pas d'argent dans ton compte en banque pour ton enfant, t'es dans marde, tu vas le mettre dans marde. » Là, si on règle pas ça, on va être dans la marde. C'est comme la… parce que fuck…

J-MO – On se permet pas de rêver.

MANI – Non !

ÉRIC – On est plus dans les problèmes concrets, une efficacité. La gestion.

MANI – La gestion du monde présent parce qu'on sait pas ce qui s'en vient, versus rêver l'avenir.

GUILLAUME – Mais il y a une seule génération au Québec qui a fait ça pis c'est les boomers. Qui a vraiment rêvé pis qui s'est créé tout ce qu'elle voulait.

MANI – Les premiers adolescents de l'humanité, qui me disait ça ? Les premiers adolescents de l'humanité.

GUILLAUME – Moi.

J-MO – Les boomers ?

MANI – Les premiers qui pouvaient, à 14-15-16 ans, rien foutre.

ÉRIC – Ouais, c'est ça.

MANI – « On sort pis on joue ! » C'est des éternels adolescents, pis aujourd'hui ils font : « Fuck ! » À l'époque, à 14-15 ans, tu avais des enfants, des familles. Tu travaillais, t'étais obligé. Et là, c'est les premiers adolescents de l'histoire.

GUILLAUME – C'est ça que je dis.

ÉRIC – Ouais.

MANI – Pis on récolte ça. On récolte ce manque de responsabilité-là. Ils ont tout foiré pis nous on doit ramasser.

ÉRIC – Ouais, ouais, ça va être nous autres. Parce qu'ils ont pas pensé à nous autres, justement. Ils ont pensé à eux.

MANI – Ouais, c'est : « Moi, moi, moi, moi. Pas besoin. J'ai pas besoin de travailler. »

GUILLAUME – Aussi : « Non, je vais créer ma job. Y a-tu quelqu'un qui fait ça ? Tiens, je vais faire ça. Faque je ferai rien pis je vais être payé ? Alright, esti. »

MANI – C'est fou !

GUILLAUME – C'est fou raide.

Scène 12

Autre clé de coke.

MANI – Je pense que notre génération, c'est ça, on doit récolter ces choses-là.

J-MO – Faque tu sens que c'est pas notre génération qui va être génératrice de changement.

MANI – Non, ou peut-être pas de façon majoritaire. Pas genre, la génération a changé…

Non.

ÉRIC – Il va falloir bientôt commencer à gérer un peu tout.

MANI – Oui, gérer, mais pas changer. Se démerder, mais pas transformer.

Les gars prennent une dernière bonne clé.

Ils continuent ad lib *sur le même thème, mais tout le monde parle plus ou moins en même temps.*

Noir.

13

Party.

GUILLAUME – Mets-la, mets-la !

J-MO – Ça va faire un frette.

GUILLAUME – On s'en câlice, mets-la !

J-Mo met une chanson de Ferré en coupant abruptement la chanson qui jouait.

J-MO – Excusez-moi.

Guillaume et J-Mo écoutent attentivement. Après un court moment, Éric arrive.

ÉRIC – Non, non, non, attends ! Remettez-la, remettez-la !

On remet la musique. Après un long temps, Mani arrive.

MANI – Ah, ça c'est beau, c'est…

Guillaume le fait taire. Mani s'assoit.

Les gars écoutent attentivement. Après un moment, ils se mettent à chanter, J-Mo joue d'un instrument imaginaire. On est presque dans le recueillement. Cela se transforme en solo de Guillaume.

Scène 13

Les gars regardent Guillaume faire son show. Quelqu'un du party arrête la chanson pour remettre de la musique de party. Les gars s'insurgent, se lèvent, sauf J-Mo.

14

Party.

J-Mo se fait une clé de poudre. Il se parle à lui-même.

J-MO – Tabarnac !

Une autre.

Bravo mon gars !

Une autre. Il marmonne.

Bravo ! Je suis fier de toi, J-Mo.

15

De dos, Éric se masturbe.

16

GUILLAUME, *au téléphone.* – Allô, mon amour.

Salut mon petit homme, c'est moi, c'est Guillaume, c'est papa. Écoute, mon amour, j'ai un peu trop bu pis c'est ben l'fun avec les gars, donc je pense pas rentrer ce soir. J'vais coucher chez J-Mo. J'espère que ça t'met pas trop en tabarnac. Quoique c'est dur d'être plus en tabarnac que tu l'étais tantôt. On en reparle, j'imagine. J't'aime pareil. Pis j'veux qu'tu saches que ça m'fait vraiment du bien de voir mes amis pis que j'aimerais ça que ça arrive plus souvent. Ciao ! Bisous.

17

Mani est devant le miroir. Il se peigne la barbe doucement puis frénétiquement. Il enlève son chapeau, commence à se replacer les cheveux avec son peigne. Il range son peigne, se coiffe avec les doigts, de plus en plus rapidement, puis regarde dans ses mains pour vérifier si ses cheveux tombent.

18

Éric, seul, commence à saigner du nez.

19

Retour.

MANI – Le lendemain me fait peur. J'haïs le lendemain. Je suis pas capable d'assumer le lendemain. La veille accotera jamais ma fatigue du lendemain. J'aime l'état, mais j'haïs la chute. Ce qui me retient, c'est la chute.

J'ai peur de la chute.

20

Party.

Une chanson commence, Mani et J-Mo se précipitent sur la piste de danse, on les verra danser la chanson au complet. Éric regarde son téléphone, puis tranquillement il se fait contaminer par l'énergie de Mani et de J-Mo et va danser lui aussi. Guillaume parle de proche avec une fille, il bouge un peu sur le beat.

Les trois gars dansent comme des débiles en riant. La chanson se termine, une autre commence. Guillaume n'y tient plus et les rejoint. Les quatre gars sont beaux à voir, la drogue leur donne une liberté immense. Le beat du party change. Tout s'accélère, tout se désarticule.

21

Le rythme du party s'accélère. Tout s'enchaîne. La trame sonore ponctue avec des bruits de film d'horreur entre les changements de scène.

ÉRIC – Pas de chum ?
Pas d'amant ?
Tu baises pas avec quelqu'un ?
Une belle fille comme toi ?
Pas d'enfant ?
C'est quoi ton nom ?
Tu veux boire quelque chose ?

Bruits de film d'horreur.

GUILLAUME – Bon, c'est laquelle qui m'suce ?

J-MO – Tu niaises ?

GUILLAUME – Qu'est-ce tu penses ?

J-MO – Comment ça va avec ta blonde ?

GUILLAUME – Ça va ben.

J-MO – C'est comment la vie sexuelle avec un kid ?

GUILLAUME – Je l'sais pas, j'ai jamais couché avec un kid.

Bruits de film d'horreur.

Éric et Mani se font une clé.

ÉRIC – Une autre rousse ?

MANI – Oui. Elle est rousse, rousse.

ÉRIC – Je la replace pas.

MANI – C'est une ostie de rousse.

ÉRIC – Justine ? C'est quoi son nom ? Justine ?

MANI – Cossette ? Cossette.

ÉRIC – Cossette ?

MANI – Elle est blonde elle, non ? Ah, non, c'est une rousse.

ÉRIC – C'est vrai qu'elle est plus blonde. Elle est blonde-rousse.

MANI – Ouais, c'est ça. C'est pas une rousse-rousse.

ÉRIC – Je m'en souviens pas du tout.

MANI – Tu sais, une face très typée… très typée d'une rousse.

ÉRIC – … Je la vois pas. Je la vois pas dans ma tête…

Bruits de film d'horreur.

GUILLAUME – Le premier gars d'la gang, i'fait une savate, man. Tu vois le gars qui perd connaissance en tombant, i'devient mou comme une guenille, i'est pus là. Sa tête vient fesser dans une porte de char.

ÉRIC – Fuck off !

GUILLAUME – Ben, ostie, i'se relève.

Bruits de film d'horreur.

ÉRIC – Ouain…

Scène 21

J-Mo – OK…

Éric – Hmm hmm.

Mani – Qui ça ? Han ?

Guillaume – Eille ! Décâlice ! Rentre chez vous, on comprend absolument rien quand tu parles. Sujet, verbe, complément. Décâlice !

Éric rit.

Mani – Eille ! Cheers !

Tous – Cheers !

Bruits de film d'horreur.

Mani danse.

Mani – C'est pas compliqué, une fille ça a besoin de deux affaires : de se sentir protégée pis de se faire bien baiser.

J-Mo – Ta yeule, man !

Mani – Han ?

J-Mo – Arrête, ostie ! Ta yeule, ferme ta yeule ! Arrête, man !

Mani – Mais…

J-Mo – Ta yeule, j'veux pus t'entendre. Ferme ta yeule. OK ? Ta yeule !

Bruits de film d'horreur.

Guillaume se fait une clé.

GUILLAUME – Chus un crisse de bon père.

ÉRIC – J'suis sûr.

GUILLAUME – Eille pis…

Ma blonde m'attire tellement pus.

ÉRIC – C'est une passe, c'est sûr.

GUILLAUME – J'espère.

J'espère.

Bruits de film d'horreur.

MANI – Milf?

ÉRIC – Correct.

MANI – Mature ?

ÉRIC – Nope.

MANI – Spy cam ?

ÉRIC – Un peu.

MANI – Ex-girlfriend ?

ÉRIC – Fuck ya !

MANI – P.O.V. ?

ÉRIC – Assez.

MANI – Latina ?

ÉRIC – Nope.

MANI – Asian ?

ÉRIC – Nope.

MANI – Ebony ?

ÉRIC – Ça dépend.

Scène 21

MANI – Cheerleaders ?

ÉRIC – Pas tant.

MANI – Teens ?

ÉRIC – Ben là…

MANI – Redhead ?

ÉRIC – Crisse, oui !

MANI – Granny ?

ÉRIC – No fucking way !

MANI – Dungeon porn ?

Bruits de film d'horreur.

Guillaume frenche.

J-MO – Qu'est-ce tu fais, câlice ?

GUILLAUME – Fuck you !

J-MO – Crisse d'épais. T'as une famille, ostie.

GUILLAUME – Va-t-en pas. Ah fuck you, J-Mo !

J-MO – Comment ça fuck you ? Toi, fuck you !

GUILLAUME – J'm'en crisse. J'suis libre.

J-MO – Demain, tu vas filer marde en ostie.

GUILLAUME – Fuck demain. Fuck you !

J-MO – Crisse d'épais.

GUILLAUME – Fuck demain

Bruits de film d'horreur.

Mani danse.

ÉRIC – Comment tu veux qu'on devienne un grand peuple ? On vénère des losers.

J-MO – Fuck ça ! M'en câlice de la politique.

ÉRIC – On parle pas de politique, on parle de grandeur pis de fierté.

MANI – On se fait des shots ?

ÉRIC – Fuck yeah !

J-MO – I'dit qu'on est des losers.

ÉRIC – Non, c'est pas ça que j'dis.

J-MO – I'dit que le peuple québécois est un peuple de losers.

ÉRIC – Je dis qu'on idolâtre des losers.

GUILLAUME – C'est vrai.

ÉRIC – Pis nos vrais héros, on les connaît pas.

MANI – Santé !

TOUS – Cheers !

Ils boivent.

Bruits de film d'horreur.

Mani danse.

Bruits de film d'horreur.

Éric danse.

Bruits de film d'horreur.

GUILLAUME – Salut mon amour… je m'excuse… pour tantôt… Allô mon bébé… J't'aime. OK… OK.

Bruits de film d'horreur.

Scène 21

MANI – Je vas tellement bien y faire l'amour, là. Je vas tellement bien la baiser, mon gars.

ÉRIC – Moi aussi, je la baiserais.

GUILLAUME – Moi aussi. Comme un ostie d'king.

J-MO – Fuck you.

GUILLAUME – Toi fuck you !

Bruits de film d'horreur.

J-MO – Péter une yeule, mais vraiment péter une yeule. C'est ça que ça prend peut-être... Une ostie de décharge d'énergie brute... Câlice que j'pèterais une yeule.

Bruits de film d'horreur.

GUILLAUME – C'est parce que j't'aime que j'te dis ça, mon gars. Tu vas pas bien vieillir, mon gars.

J-MO – Ta yeule.

ÉRIC – Si on fait pas attention à c'qui rentre dans notre tête, mon gars.

GUILLAUME – Tout seul, pas d'cash, sans enfant. Pas d'blonde. Pas d'cash. Pas d'char. Pas d'maison, mon gars.

ÉRIC – Toute la marde, toute la marde qu'on nous impose, mon gars.

J-MO – Ça va, Guillaume. C'est une belle soirée. Je suis très bien. Ça va très bien.

ÉRIC – Faut faire attention. Se garder pur, droit, mon gars, digne.

Bruits de film d'horreur.

Mani et Éric dansent.

22

GUILLAUME – Ça faisait une demi-heure que je les voyais danser, je sais pas comment il a fait mais il s'est retrouvé sur la piste de danse avec elle, je les voyais se frotter comme dans un ostie de vidéoclip de hip-hop de marde. Ses mains sur ses fesses, il l'embrasse dans le cou, lui dit j'sais pas quoi dans l'oreille, elle rit, crisse, elle rit… Elle, cette beauté parfaite rire des osties de blagues poches de câlice, tabarnac.

Et là comme si c'était pas déjà assez terrible, Éric, monsieur TVA, se joint à eux. Direct, sur la piste de danse. Il se colle à fille. Lui en arrière, elle au milieu, Mani en avant. Un ostie de sandwich de douche.

Elle était tellement belle.

ÉRIC – Je voulais même pas danser, j'aime pas danser tant que ça, mais elle me prend la main et me tire vers elle et Mani… je me dis que c'est peut-être un peu weird, mais fuck it, pourquoi pas, je suis pas gêné, ce sont mes meilleurs chums, je veux dire, de toute façon on faisait que danser… à ce moment-là… on dansait.

J-MO – Il était rendu l'heure où l'angoisse embarque… je vais être magané demain, j'aurais pas dû, j'arriverai pas à dormir, pourquoi j'en ai fait tant, je voulais même pas en faire…

MANI – Je regarde Rick dans les yeux, un high five dans le regard, et je sais pas ce qui lui a pris à la fille, mais elle était tellement libre, tellement là… Fuck, ce genre de chose arrive une fois dans une vie, tsé, pis je pense qu'elle savait exactement ce qu'elle faisait, elle trippait, ben plus que nous, elle était en contrôle total, pis il y a rien de plus sexy qu'une fille en contrôle. Pis c'est Rick, crisse, je veux… Si je vais me frotter sur une fille avec un gars, aussi bien avec Rick.

GUILLAUME – Ça m'écœure, la pauvre fille qui se fait manipuler comme ça… je les connais les gars, ils sont capables.

J-Mo regarde devant lui, ne dit rien.

GUILLAUME – Et là, je vois Mani se pencher et dire de quoi dans l'oreille de Rick, par-dessus l'épaule de la fille, et en revenant, il en profite pour l'embrasser dans le cou. Elle ne dit rien, elle ferme les yeux, complètement transportée par la musique… elle bouge comme une fée.

J-Mo est immobile.

GUILLAUME – Je vois J-Mo debout accoté sur le bar, la mâchoire crispée de cocaïne.

Même jeu.

ÉRIC – Mani me dit dans l'oreille que c'est une soirée incroyable, qu'il est gelé en crisse, pis il en profite en passant pour embrasser la fille dans le cou, elle sourit, elle aime ça, je me dis, fuck it, je vais faire pareil, alors je lui embrasse l'autre côté du cou, elle sourit, me regarde, se retourne et me fait face. Elle nous dit : « Il vous en reste ? » Je regarde Mani.

MANI – Ça c'est le feu vert mesdames et messieurs, le feu vert, quand une fille que tu connais à peine demande à deux gars qu'elle connaît à peine s'il leur reste de la MDMA, c'est un feu vert.

ÉRIC – Je pensais pas que ça paraissait tant que ça qu'on était gelés, ou peut-être elle nous a vus en faire, en tout cas, who cares, je regarde Mani, il sort une pils, elle prend la pils, merci bonsoir.

GUILLAUME – J-Mo décolle du bar et va direct dans la salle de bain. D'une shot. Je pensais qu'il allait être malade.

J-Mo dans la salle de bain. Il sort un sachet. Il se brûle la narine. Il est en tabarnac.

GUILLAUME – Et là, le DJ décide de mettre *Girl I want to make you sweat*... Il aurait pu mettre n'importe quoi, n'importe quoi, mais il met

MANI – *Girl I want to make you sweat*... incroyable ! Cette toune suggère une simulation de sexe sur la piste de danse. Littéralement.

ÉRIC – « Girl I want to make you sweat, sweat till you can't sweat no more, and if you cry out, I'm gonna push it, push it, push it some more »... tabarnac...

GUILLAUME – La fille, transportée elle aussi par la musique, se retourne, prend la face d'Éric et le frenche.

J-Mo fait de la cocaïne.

Mani regarde la fille frencher Eric.

GUILLAUME – Mani retourne la fille et la frenche à son tour. Elle dit rien. Voyons crisse !

J-Mo se regarde dans le miroir.

MANI – Why not, rendu là.

ÉRIC – Ostie de Mani, pas capable de laisser aller.

Scène 22

GUILLAUME – Pis, là, comme si c'était déjà pas assez cochon, l'ostie de DJ douchebag du câlice décide de transformer la piste de danse en film de porn en mettant *Red Red Wine*.

MANI – La fille embrasse comme elle danse, comme elle boit son verre de vin, comme elle enlève son manteau, comme elle arrange ses cheveux…

ÉRIC – Pendant que Mani danse avec elle, mes mains se promènent sur les hanches de la fille, sur son ventre, ses fesses frôlent mon sexe. Pis là, je veux bien être… je bande ostie… pis je veux pas trop qu'elle le sente, pis pas avoir l'air d'un ostie de cochon, mais crisse, trop tard, elle passe ses mains sur mes fesses par en arrière et colle mon sexe sur elle. Ses fesses sur mon sexe gorgé de sang.

Guillaume regarde les gars, ne dit rien.

J-Mo saigne du nez.

MANI, *à la fille.* – C'est quoi ton nom ?

GUILLAUME – La fille passe d'Éric à Mani, collée sur deux pénis bandés, les gars se frottent sur elle, crisse Éric pogne les seins de la fille sur la piste de danse.

ÉRIC – La fille me prend par la main, tire sur le chandail de Mani pour qu'il nous suive, on rentre dans la chambre des manteaux.

J-MO – Je sors de la salle de bain. Je suis tanné. Je veux m'en aller.

GUILLAUME – Ostie.

MANI – On rentre dans la chambre, la fille pousse Éric sur le lit, saute sur lui.

ÉRIC – Wow attends une minute ostie…

MANI – Elle se retourne, me regarde, sa jupe remonte juste un peu.

J-MO – Je sors de la salle de bain, je vais direct au bar, je cale un autre shot de whatever, je rentre dans le monde, je m'excuse et me dirige vers la chambre.

ÉRIC – Fuck it.

GUILLAUME – Fuck it, je les suis.

ÉRIC – Fuck it.

MANI – La fille défait ma ceinture, je regarde Éric.

ÉRIC – Mani me regarde.

MANI – Fuck it.

ÉRIC – Pendant qu'elle défait la ceinture de Mani, je lui enlève son top, lui embrasse le cou, le dos.

MANI – On se frenche comme des bêtes.

GUILLAUME – Je rentre dans la chambre. Mani se retourne, me regarde.

MANI – Guillaume débarque dans la pièce. Éric pogne un fou rire. Guillaume me tasse d'un coup sec, c'est pas mal la seule personne qui est capable de tasser de même.

ÉRIC – Guillaume ramasse la fille par la taille, elle est suspendue dans les airs.

MANI – Guillaume lui dévore le visage.

MANI ET ÉRIC – OUAIS !

ÉRIC – Les deux retombent sur le lit.

MANI – La porte de la chambre s'ouvre… eh oui, Jean-Moïse Martin rentre dans la chambre.

J-MO – Tassez-vous, je veux mon manteau.

ÉRIC – Woah, woah, calme-toi dude.

MANI – Relax.

GUILLAUME – La langue de la fille est faite en soie, ses lèvres des nuages.

Scène 22

MANI – La fille se défait de l'emprise de Guillaume, regarde J-Mo. Elle part à rire.

J-MO – Tassez-vous.

MANI – La fille rit.

J-MO – Qu'est-ce que t'as à rire de même ?

ÉRIC – J-Mo saute sur le lit. Pousse les gars.

J-MO – Hein ? Qu'est-ce que t'as à rire de même ?

GUILLAUME – J-Mo prend le cou de la fille, l'embrasse. Elle se laisse faire.

MANI – Là c'est la folie.

ÉRIC – Elle passe de Guillaume à moi à Mani à J-Mo.

MANI – La folie.

J-MO – La fille embrasse Guillaume.

GUILLAUME – Mani embrasse la fille.

MANI – Éric s'approche, dit quelque chose dans l'oreille de Guillaume.

J-MO – Guillaume le repousse.

MANI – Éric rit.

J-MO – Guillaume embrasse la fille. Ses mains se promènent sur son corps.

GUILLAUME – Mani embrasse la fille.

J-MO – La fille embrasse Guillaume.

MANI – Éric touche la fille.

J-MO – Mes mains sur ses hanches.

MANI – Ma bouche dans son cou.

ÉRIC – Sa bouche dans mon oreille.

GUILLAUME – Mon doigt dans sa bouche.

J-MO – Sa langue sur la mienne.

MANI – Ses collants arrachés.

ÉRIC – Sa brassière entre mes dents.

GUILLAUME – Ses seins dans mes mains.

J-MO – Mes mains sous sa jupe.

MANI – Ma bouche sur son ventre.

ÉRIC – Mes mains sur ses fesses.

GUILLAUME – Sa queue dans ma main.

J-MO – Ma bouche sur ses fesses.

MANI – Son dos.

ÉRIC – Mes doigts.

GUILLAUME – Sa bouche.

J-MO – Mes mains.

MANI – Son cul.

ÉRIC – Ses cuisses.

MANI – Arrête.

GUILLAUME – Ma bouche.

J-MO – Mes dents.

MANI – Sa peau.

ÉRIC – Mes ongles.

GUILLAUME– Son sexe.

J-MO – Mes dents.

MANI – Ses seins.

ÉRIC – Mon souffle.

GUILLAUME – Ses cris.

J-MO – Son cul.

Scène 22

Noir.

Lumière.

Les quatre gars sont immobiles, mal à l'aise.

ÉRIC – Ce genre de soirée-là…

MANI – The best night of my life… pfff.

GUILLAUME – J'essaie de pas trop y penser.

J-MO – On s'en reparle pas. C'est comme…

ÉRIC – Qu'est-ce que tu veux, à un moment donné tu dérapes pis…

MANI – Je sais pas ce qui nous a pris. Je sais pas.

GUILLAUME – Je peux pas y penser. Ça me rend malade.

J-MO – Je voulais pas y aller. Je savais que..

ÉRIC – Ça me dérange pas tant que ça. Je veux dire c'est weird mais bon.

MANI – Pus jamais revu la fille.

Je sais même pas à quel moment elle est partie.

On s'est réveillés, elle était pas là.

J-MO – J' sais pas si elle est partie avant ou pendant ou après…

ÉRIC – So what, ostie, on doit pas être les premiers gars à s'être enculés par accident.

GUILLAUME – Je sais pas, je sais pas… mais j'avais mal.

J-MO – On était les quatre à poil.

Mani et moi on dormait en cuillère.

ÉRIC – Guillaume tenait encore mon pénis dans ses mains.

MANI – J'sais pas quoi dire.

Elle était pus là.

GUILLAUME – Elle a dit : « Je reviens ! » Pis je sais pus…

MANI – J'ai pas revu les gars depuis.

J-MO – J'ai recroisé Éric une fois ou deux…

GUILLAUME – Des fois je me dis que Longueuil, c'est pas assez loin.

ÉRIC – Pis ça ?

MANI – Je fais pus de drogue.

Ou rarement.

J-MO – J'sais pas pourquoi elle est partie, ni quand mais c'est pas correct.

ÉRIC – Regarde.

Ça aurait pu être pire.

On aurait pu, j'sais pas… ça aurait pu être pire.

Scène 1	7
Scène 2	12
Scène 3	19
Scène 4	21
Scène 5	28
Scène 6	32
Scène 7	33
Scène 8	36
Scène 9	43
Scène 10	48
Scène 11	50
Scène 12	53
Scène 13	58
Scène 14	60
Scène 15	61
Scène 16	62
Scène 17	63
Scène 18	64
Scène 19	65
Scène 20	66
Scène 21	67
Scène 22	74

Dans la collection « L'instant scène » :

Lentement la beauté, pièce du Théâtre Niveau Parking
La trilogie des dragons, pièce de Marie Brassard, Jean Casault, Lorraine Côté, Marie Gignac, Robert Lepage et Marie Michaud (en coédition avec Ex Machina)
Robert Lepage, l'horizon en images, essai de Ludovic Fouquet
Le projet Andersen, pièce de Robert Lepage (en coédition avec Ex Machina)
La face cachée de la lune, pièce de Robert Lepage (en coédition avec Ex Machina)
La librairie, pièce de Marie-Josée Bastien
Santiago, pièce d'Hélène Robitaille
Ex Machina. Chantiers d'écriture scénique, essai de Patrick Caux et Bernard Gilbert (en coédition avec Septentrion)
Climat de confiance, entretiens de Peter Brook avec Pierre MacDuff
Gens sans aveu, pièce d'André Ricard
La gloire des filles à Magloire, pièce d'André Ricard
Le Grand Duo. Bouchard et Morisset, pianistes duettistes, biographie par Carole Bessette
Bye Bye Baby, pièce d'Elyse Gasco
La trilogie inachevée, pièces de Lomer M. Gouin
Où tu vas quand tu dors en marchant ?, essai de Chantal Poirier, Philippe Mottet et Gilles Pellerin
La montagne rouge (SANG), pièce de Steve Gagnon
Sous haute surveillance, le Moulin à paroles, présenté par Brigitte Haentjens, Sébastien Ricard, Biz, Pierre-Laval Pineault et Yannick Saint-Germain
Laurier-Station. 1000 répliques pour dire je t'aime, pièce d'Isabelle Hubert
Dissidents, pièce de Philippe Ducros
La porte du non-retour, déambulatoire théâtral et photographique de Philippe Ducros
Un, pièce de Mani Soleymanlou
Ventre, pièce de Steve Gagnon

La fête à Jean, pièce de Pier-Luc Lasalle

La guerre des tuques, pièce de Fabien Cloutier (en coédition avec Dramaturges Éditeurs)

Toi l'ami. Cent regards sur Sylvain Lelièvre, album collage sous la direction d'Élizabeth Gagnon et Monique Vaillancourt-Lelièvre

Corbeau. 25e création du Théâtre de l'Œil, pièce de Jean-Frédéric Messier, scénarimage et dessins de Richard Lacroix, autres textes de Michelle Chanonat

À tu et à toi, pièce d'Isabelle Hubert

En dessous de vos corps je trouverai ce qui est immense et qui ne s'arrête pas, pièce de Steve Gagnon

Frontières, pièce d'Isabelle Hubert

Les champs pétrolifères, pièce de Guillaume Lagarde

Le Ring *de Robert Lepage. Une aventure scénique au Metropolitan Opera,* essai de Bernard Gilbert

Descendance, pièce de Dany Boudreault et Maxime Carbonneau

Théâtre Parminou, ton histoire en est une des pas pires. Quarante ans de théâtre populaire de création, monographie de Jean St-Hilaire

Trois, un spectacle de Mani Soleymanlou, théâtre

Pour réussir un poulet, pièce de Fabien Cloutier (en coédition avec Dramaturges Éditeurs)

Damnatio memoriæ, pièce de Sébastien Dodge

ACHEVÉ D'IMPRIMER
EN FÉVRIER 2015
SUR LES PRESSES DE MARQUIS IMPRIMEUR INC.
SUR PAPIER SILVA ENVIRO
100 % POSTCONSOMMATION

RECYCLÉ
Papier fait à partir
de matériaux recyclés
FSC® C103567